A BONDADE

PENSAMENTOS, PALAVRAS, AÇÕES

3ª edição

Tradução
Emérico da Gama

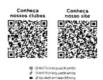

QUADRANTE

São Paulo
2023

Título original
Kindness

Copyright © 2013 Quadrante Editora

Capa
Provazi Design

Dados Internacionais de Catalogação na Publicação (CIP)

Faber, F. W.
   A bondade: pensamentos, palavras, ações / F. W. Faber, traduzido por Emérico da Gama — 3ª ed. — São Paulo: Quadrante, 2023.

   ISBN: 978-85-7465-539-0

   1. Bondade 2. Virtudes 3. Vida cristã I. Título

CDD-200.19

Índice para catálogo sistemático:
1. Bondade : Vida cristã 200.19

Todos os direitos reservados a
QUADRANTE EDITORA
Rua Bernardo da Veiga, 47 - Tel.: 3873-2270
CEP 01252-020 - São Paulo - SP
www.quadrante.com.br / atendimento@quadrante.com.br

SUMÁRIO

APRESENTAÇÃO.. 5

Capítulo I
DA BONDADE EM GERAL.......................... 21

Capítulo II
DOS PENSAMENTOS BONDOSOS 55

Capítulo III
DAS PALAVRAS BONDOSAS...................... 79

Capítulo IV
DAS AÇÕES BONDOSAS............................. 101

APRESENTAÇÃO

Um anglicano devoto

Frederick William Faber nasceu em 1814, no condado de West Riding, Yorkshire, na Inglaterra. Seus pais eram profundamente religiosos — o avô paterno era um vigário anglicano e o pai trabalhava como secretário para o bispo local —, e embora aderissem à religião oficial, tinham tendências profundamente calvinistas*.

(*) Por conta das suas peculiares origens históricas, a Igreja Anglicana apresenta boa dose de pluralismo doutrinal em seu seio. Costuma-se distinguir nela a *high church* («Alta Igreja»), que mantém praticamente toda a doutrina católica, a liturgia anterior ao

Criado em um ambiente bastante culto, Faber desde a infância dava mostras de grande inteligência, e seus pais não pouparam esforços para lhe proporcionar a melhor educação da época. Após concluir o que hoje chamaríamos de Ensino Fundamental e após um período de aulas particulares com um tutor, Faber foi estudar na tradicional Harrow School, uma escola preparatória fundada no século XVI. Aí permaneceu até 1832, quando ingressou na Universidade de Oxford, onde completaria os estudos necessários para ordenar-se clérigo anglicano, o que ocorreu em 1839.

Concílio de Trento e alguns Sacramentos; a *low church* («Baixa Igreja»), muito próxima dos calvinistas na doutrina e no culto; e algumas vezes também a *broad church* («Igreja Ampla»), que tenta conciliar as duas tendências. A distinção será útil em outro ponto desta apresentação.

Os anos na universidade não foram fáceis para Faber. O já secularizado ambiente acadêmico oferecia-lhe toda a sorte de tentações, especialmente nos primeiros meses de estudo e moradia em Oxford. Quando superadas, deram margem a uma batalha em seu coração entre o apego pela tradição calvinista da família (mais estimada ainda após os meses de dúvida) e o fascínio pelo então nascente *Movimento de Oxford** e

---

(*) O Movimento de Oxford iniciou-se em 1833 com a publicação do folheto *Tract for the times* («Tratado para os tempos»); daí ter sido conhecido também como *tractariano* ou *tratadista*. Foi um movimento teológico levado a cabo por clérigos da Alta Igreja que, indignados com o comodismo da hierarquia anglicana e com o nefasto fisiologismo entre Igreja e Estado, procuraram estabelecer as raízes apostólicas e divinas do cristianismo inglês. Os tratadistas começaram propondo que a Igreja Anglicana formasse, juntamente com as Igrejas Ortodoxas e com a Igreja Católica, um dos três ramos da Igreja fundada por Cristo. Se alguns se serviram desta teoria errônea para justificar a origem um tanto penosa da Igreja Anglicana, os

o exemplo do seu líder: o jovem clérigo John Henry Newman. Contudo, Faber não ousou embrenhar-se demasiado nas consequências reais das teses dos seus colegas. Naquele momento, a única influência real do Movimento na sua vida foi um poema que escreveu em homenagem a John Keble, o inspirador de toda aquela renovação, mas que acabou por permanecer na Igreja Anglicana. O poema, intitulado «Cavaleiros de São João», valeu-lhe um prêmio de poesia e constitui uma pequena amostra dos belos hinos religiosos —

---

seus principais expoentes acabaram por descobrir a verdade do catolicismo e converteram-se à verdadeira Igreja de Cristo. O maior e mais conhecido representante do Movimento de Oxford foi o Bem-aventurado Cardeal John Henry Newman. Para mais informações sobre o tema, veja-se o volume VIII da coleção História da Igreja de Cristo, de Daniel-Rops: *A Igreja das Revoluções. 1. Diante de novos destinos* (Quadrante, São Paulo, 2003).

ainda hoje usados pelos cristãos ingleses — que viria a compor no futuro.

Ao contrário de muitos dos seus colegas de universidade, Faber não via a ordenação como uma maneira de assegurar uma vida confortável (o anglicanismo era a religião estatal, e por isso muitos clérigos jovens encaravam os seus deveres pastorais com certa mentalidade burocrática). Pelo contrário, via claramente que possuía uma vocação de entrega maior a Deus e, embora se achasse indigno dela, pedia graças ao Senhor para fazer um bom trabalho.

Primeiros passos em direção a Roma

Assim que saiu de Oxford, Faber fez uma breve viagem pelo continente europeu e em seguida, no ano de 1840, pôs-se a trabalhar como tutor privado do filho de um membro da pequena nobreza do reino. Como à época era comum que os jovens mais abastados fizessem uma grande «turnê» pela Europa para conhecerem melhor as artes e a história, Faber passou praticamente todo o ano de 1841 novamente fora do seu país. Se a primeira viagem lhe deixara uma má impressão da Igreja Católica, na segunda pôde contar com o auxílio do tempo. Ao longo desse ano, começou a ver a Igreja através da oração e das leituras espirituais, e o que antes o incomodava agora era objeto da sua admiração. Por isso, em 1843, quando foi encarregado de uma paróquia no pequeno vilarejo Elton, pensou logo em viajar novamente a Roma, antes de assumir o posto, em busca de orientação para o trabalho pastoral.

A essa altura, Faber mal podia conter as dúvidas sobre a Igreja Anglicana. Cada vez mais inseguro acerca da origem apostólica da sua igreja, mantinha ainda um contato intenso com Newman e com os outros promotores do Movimento de Oxford. Já em Roma, conseguiu nada menos que uma audiência privada com o Papa Gregório XVI (1765-1846), que lhe dirigiu estas palavras:

— Não se engane com o seu desejo de unidade, ficando à espera de que a sua Igreja mude. Pense na salvação da sua alma.

Depois de mais alguns conselhos, o papa pôs as mãos nos ombros de Faber, que imediatamente se ajoelhou, e finalizou:

— Que a graça do Senhor atenda aos seus bons desejos e o livre das teias do anglicanismo para trazê-lo à verdadeira Igreja Santa.

Não demorou para que as palavras do pontífice fizessem efeito. Faber seguiu para Florença e, enquanto esteve lá, passou a usar a Medalha Milagrosa e a invocar com frequência a intercessão da Virgem Imaculada. Na realidade, já na Itália estava decidido a converter-se, mas, curiosamente, não deu o passo final por um conselho de Newman. O futuro cardeal ainda não se tinha decidido pela Igreja Católica e achou uma imprudência que o amigo manifestasse tão abruptamente a sua adesão a Roma.

De volta à Inglaterra, Faber assumiu imediatamente o seu cargo na paróquia de Elton. Conhecedor da situação dos seus paroquianos — mais da metade estava bastante afastada do cristianismo, e os mais devotos eram, na prática, metodistas —, tentou esconder a sua angústia e dedicar-se inteiramente à salvação das almas, reintroduzindo a prática da confissão e da comunhão. Por essa época, publicou uma biografia de São Vilfrido, bispo medieval inglês, em que defendia abertamente o primado papal.

A conversão

O começo do ano de 1845 foi marcado pela conversão ao catolicismo de quase todos os amigos de Faber, entre eles Newman. Em poucos meses, Faber seguiu-lhes o exemplo e, em novembro, oficiou o seu último culto em Elton. Oito paroquianos acompanharam-no na sua decisão. Entre os que ficaram, alguns despediram-se com lágrimas nos olhos e as palavras: «Pe. Faber, que Deus o abençoe aonde quer que vá». No dia seguinte, os nove receberam a Crisma e a Primeira Eucaristia*.

Com a permissão do bispo católico local, Faber e os seus companheiros organizaram uma pequena comunidade religiosa a que chamaram Irmãos da Boa Vontade. Um nobre financiou-lhes a construção de um convento, uma igreja e até uma escola primária no condado de Cotton, região centro-oeste do país. Assim que foi ordenado presbítero, a 4 de abril de 1846, Faber tornou-se capelão daquele pequeno rebanho composto apenas pelos companheiros de Oxford.

A partir dessa data, não parou de escrever, pregar e administrar os sacramentos. Trabalhava até à exaustão e ainda encontrava forças para exclamar

---

(*) Sacramentos que a Igreja Anglicana, por carecer de Sucessão Apostólica, não possui.

aos outros: «Vai e ajuda Jesus. Por que deixar perder-se uma só das almas pelas quais Ele morreu?» Homem de profunda vida de intimidade com Deus, também dizia aos seus irmãos que as dúvidas quanto ao poder da oração seriam esclarecidas, para além de qualquer demonstração humana, a todo aquele que se aplicasse por uma semana às práticas de piedade e ao serviço do Senhor.

Como a comunidade prosperasse, pensou seriamente em pedir a aprovação do Bispo para oficializar a sua Ordem e pronunciar os seus votos como religioso. No entanto, ao saber que Newman ia voltar de Roma disposto a estabelecer o Oratório* na Inglaterra,

---

(*) Congregação religiosa fundada em Roma por São Filipe Néri no ano de 1565. Cf. *Filipe Néri — O sorriso de Deus* (Quadrante, 2ª ed., São Paulo, 2016).

decidiu esperá-lo para juntar-se a ele, atraído pela maior liberdade de que os oratorianos desfrutavam em comparação com os outros religiosos.

A Congregação do Oratório possui um caráter urbano, de modo que Faber teve de abandonar a sua residência em Cotton — não sem algum descontentamento por parte da família nobre que financiara as construções... — e juntar-se a Newman no Oratório de Londres, em 1848, levando consigo os seus companheiros. Com o aumento prodigioso dos oratorianos, Newman resolveu abrir outra casa em Birmingham, para onde se mudou, deixando Faber como superior do Oratório de Londres.

Em 1855, Faber passou com os seus companheiros para uma casa maior na Avenida Brompton, até hoje ativa. Ali trabalhou intensamente até falecer — rodeado pelos seus irmãos — em 26 de novembro de 1863, aos 49 anos de idade.

* * *

«Fé dos nossos pais, ainda vives, / apesar das cadeias, do fogo, da espada. / Ah, como o nosso coração palpita de alegria / quando ouvimos a tua voz maravilhosa!», escreveu Faber em um dos seus inúmeros hinos religiosos. Embora seja mais conhecido entre os leitores de língua portuguesa pelas suas obras de espiritualidade, compôs quase uma centena de hinos religiosos que até hoje são cantados nas igrejas da Inglaterra e dos Estados Unidos, mesmo protestantes.

O hino de onde foram tiradas as linhas acima, «A fé dos nossos pais», foi composto após a sua conversão ao catolicismo, e não nos é difícil compreender o seu significado. A «fé dos nossos pais» não é outra senão a católica, que só sobreviveu na Inglaterra graças a leigos e sacerdotes heroicos dispostos a sofrer toda a sorte de privações e torturas — «cadeias», «fogo» e «espada» — para permanecer na Igreja. Foi após quase três séculos da ruptura e perseguição iniciada por Henrique VIII que a hierarquia católica pôde ser restabelecida no Reino Unido, em 1850, e a «voz maravilhosa» da fé pôde novamente ser ouvida em público. Faber foi um dos homens que, graças às suas orações e ao seu trabalho intenso, contribuiu para que esse dia chegasse.

A publicação que o leitor tem em mãos faz parte de uma obra mais volumosa chamada *Conferências espirituais*, publicada em 1858. Reúne textos da pregação oral de Faber com vistas a preparar as pessoas que frequentavam o Oratório para as grandes festas da Igreja. As páginas sobre a bondade sempre se destacaram sobre as demais, de modo que já em 1901 ganharam uma edição à parte. O motivo talvez seja o que ressaltou o editor inglês da obra: o fato de a própria bondade do seu autor transparecer em cada uma das suas palavras.

Capítulo I

DA BONDADE EM GERAL

Toda a bondade procede de Deus

Desde todos os tempos, os moralistas têm-se comprazido em falar da fraqueza do homem, joguete das circunstâncias e do acaso. Fazem-no com tanta prolixidade e exagero que chegam a irritar-nos, porque bem sentimos quanto há nisso de contrário à verdade.

Não há dúvida de que o homem é fraco. Estremece ao clarão dos relâmpagos e ao ribombar dos trovões, abandona precipitadamente a casa aos primeiros sinais de um tremor de terra. Desespera-se quando uma tempestade alcança a barca em que se encontra no alto mar. Dominam-no o calor, o frio, os ventos, as chuvas. Tudo isto é verdade. Não obstante, o homem possui forças, e forças suficientes que lhe asseguram tanto poder como o que tem a maior parte dos latifundiários numa terra livre. Mas foi-lhe dada sobretudo uma força, na verdade muito despercebida, sobre a qual queremos agora conversar.

Essa força é a bondade. É a faculdade que o homem tem de tornar feliz a sua existência ou, pelo menos, de reduzir a soma de infelicidades que o ameaçam, a tal ponto que o mundo em que vive pode ser totalmente outro.

As nossas maiores e mais lastimáveis desventuras nascem da nossa conduta em face dos outros. Geralmente, somos infelizes porque o mundo não é bondoso. Mas se o mundo não se caracteriza pela bondade, é porque nós, os que o habitamos, não somos bondosos.

Pelo uso constante que delas fazemos, as palavras perdem muito da clareza do seu sentido. Rebaixam-se a símbolos e fórmulas, e tudo o que nos resta é uma impressão geral com a qual nos contentamos. Cabe-nos conhecer bem a bondade, analisá-la da melhor forma possível.

A bondade é sairmos de nós mesmos para nos darmos aos outros. Pomos os outros no lugar de nós mesmos. Tratamo-los como nós mesmos queremos ser tratados. Trocamos de lugar com eles, o nosso eu passa a ser o eu alheio: o eu alheio torna-se nosso.

O amor que temos por nós transforma-se em desprendimento do nosso eu.

Que será em Deus — sobre todos Adorável — este sair de si mesmo? É a criação. A criação é bondade divina, e é dessa bondade que jorram, como de uma fonte, as faculdades, as forças, os benefícios de toda a bondade criada. Como é sublime a origem da bondade! A bondade socorre todos os que dela precisam, e é esta, na verdade, a função que têm os atributos divinos em relação às criaturas.

A Onipotência de Deus supre sem cessar as deficiências das nossas forças. A sua Justiça corrige os erros dos nossos juízos. A sua Misericórdia consola os nossos semelhantes da dureza com que os fazemos sofrer. A sua Verdade põe termo às consequências da nossa insinceridade. A sua Onisciência emenda os erros da nossa ignorância. As suas perfeições corrigem constantemente as nossas imperfeições. Eis o que entendemos por Providência, e bondade é imitação por nossa parte dessa ação de Deus.

A bondade é fruto da graça. Dá aos homens o que eles não podem ter nem pela sua individualidade nem pela sua natureza. Dá-lhes o que lhes escapa, o que — como o consolo, por exemplo — só pode vir de um outro. E, além disso, é o *modo* com que se concede uma dádiva, de valor maior que o próprio dom. Não é isto uma imagem da graça divina?

A bondade enche tudo de alegre generosidade. É ela que dilata as faculdades da vida, dando-lhes o calor dos dons e a excelência dos perfumes. Quer preste serviços aos superiores, quer sirva aos inferiores, quer trate com os semelhantes, a mais escrupulosa administração financeira nada terá que objetar à sua prodigalidade. Fazendo o que *não era* necessário, afigura se-lhe depois que *era* uma necessidade imperiosa. Não se contenta com suavizar uma dor. Não lhe basta prestar uma ajuda. Se com a dádiva economiza a mão, não economiza o coração. Quem há que nisto se lhe assemelhe a não ser Deus, que se excede nos seus dons? Seja qual for o prisma sob o qual a contemplemos, a bondade é inseparável do pensamento de Deus.

A força oculta que faz agir a bondade é um instinto, a parte mais nobre do nosso ser, o traço mais autêntico da imagem de Deus, segundo a qual fomos originariamente plasmados. Por isso, a bondade não pode ser considerada como um ramo ordinário na árvore da nossa natureza, comumente de pouco valor. A bondade é a nobreza do homem.

Em todas as suas manifestações, reflete um modelo divino. Mergulha as suas raízes na eternidade dos mistérios. É muito mais divina que puramente humana. E se é humana, é porque brota do coração do homem precisamente no lugar em que mais fundo lhe está impressa a imagem divina.

A ação da bondade no mundo

Essa é a bondade e a sua verdadeira fonte. Vejamos agora como se projeta no mundo, para que dela possamos obter um conceito claro.

A bondade torna a vida mais suportável. A vida é para muitos homens um peso enorme. É uma carga por vezes tão opressiva, que o hábito, em vez de aliviá-la, a torna mais pesada. E a mão do tempo aperta com toda a força o jugo sobre os nossos ombros pisados. Mas, se virmos bem, é unicamente o pecado que transforma a vida em peso deprimente. E mesmo que não estejamos em situação de pecado, a possibilidade, o perigo, a tentação e a facilidade de cometê-lo pesam enormemente na nossa alma. Cabe à bondade aliviar a opressão.

Acresce a isso a pecaminosa indignidade de homens que achávamos muito superiores a nós. Desses casos mil vezes comprovados, sai ferido o nosso sentimento de justiça, e a ferida, incessantemente alargada, não se cicatriza. Vemos homens que sofrem tão ao vivo sob a injustiça, que as forças se lhes paralisam inteiramente. A vida é para eles um fracasso. Não têm forças para reagir: deixam de perseverar no bem escolhido e, como animais inquietos, assustam-se constantemente com as coisas que veem à beira da estrada. Eram chamados a metas altas, mas fenecem e nada chega à floração. Entra a bondade para remediar o mal.

Toda a ação bondosa, onde quer que se pratique pelo vasto mundo, joga tudo no outro prato da balança para restabelecer o equilíbrio. Alia-se à justiça para varrer da terra a injustiça. A justiça tem de ser uma virtude aguerrida, mas não cruel e cruenta. E a bondade é a amabilidade da justiça.

Esta virtude encantadora não esquece a sua origem divina, pois obedece aos primordiais desígnios de Deus Criador. Ele quis ver o mundo feliz, e isso mesmo é o que quer a bondade.

Ele deu ao mundo a capacidade de ser feliz, e é na bondade que essa capacidade reside em grande parte. Ele abençoou o mundo, dando-lhe o mandamento da felicidade, e a bondade faz de tudo para reconduzir à felicidade o mundo que ousou desprezar os mandamentos de divinos.

Deus contempla os desvarios do mundo e «arrepende-se» (cf. Gên 6, 5-9) de ter criado o homem, mas a bondade vê, mais do que a ruína do plano original de Deus, o primitivo propósito divino de nos tornar felizes. Por isso, esforça-se por purificar o que caiu na sordidez, por reconstruir o que se desfigurou e se desmantelou. Dói-lhe o pecado. Mas, como nas almas nobres, essa dor é para ela o melhor estímulo para agir. Dedica-se à ação sem tréguas, em mil lugares; o seu fim é sempre um só — reconduzir o mundo à ideia primária que Deus tinha dele.

A bondade prepara e abre os caminhos do Senhor

Se a bondade está sempre pronta para servir Deus Criador, não é com menor empenho e fruto que prepara os caminhos do Salvador. Reconduz a Ele, sem cessar, almas desgarradas. Abre corações obstinadamente fechados. Ilumina os espíritos que acintosamente procuravam a escuridão. Lança raios de esperança em almas quase desesperadas. Dirige os anelos do homem das profundezas para o alto, para cumes sempre mais alcandorados, até ao fim supremo.

Em toda a parte, a bondade é o melhor pioneiro e fruto do Preciosíssimo Sangue de Cristo. Os nossos próprios atos de arrependimento começam com atos de bondade ou graças a eles. A maior parte das conversões principia por um ato de bondade que se teve com as pessoas e que lhes toca o coração, porque tal ato, mesmo quando não inesperado, é de todo imerecido.

Não há dúvida de que o temor de Deus é muitas vezes o princípio da sabedoria a que nós chamamos conversão. Mas é preciso que esse temor chegue aos homens com bondade; caso contrário, fá-los-á ímpios. A bondade já converteu maior número de pecadores do que o zelo, ou a eloquência, ou a ciência. E nunca qualquer desses meios converteu ninguém quando não vinha envolvido em bondade. Numa palavra, a bondade dá-nos a força de Deus para que possamos fazer bem uns aos outros.

Os benefícios que a bondade distribui, aliada à graça

Vejamos agora que benefícios presta a bondade àqueles a quem a dispensamos.

O primeiro bem que proporciona é a capacidade nunca imaginada de revelar as boas facetas de qualquer pessoa. Quase todos os homens são melhores do que se mostram nas relações de cada dia. A maior parte deles carrega para a sepultura muita nobreza não desenvolvida.

Raras vezes a vida é tão múltipla e rica de acontecimentos que permita a um homem desenvolver ao longo da existência todas as suas capacidades. A uma criatura que traz no seu seio a vida divina, alguns decênios oferecem-lhe pouca ocasião de dar mais que simples provas do que ela podia ser.

Mas, à parte este aspecto, quem não experimentou já na sua vida como pessoas de caráter desagradável, pessoas más, se transformam favoravelmente sob a influência de um gesto de bondade? Nessas pessoas, a generosidade brota então, fresca e em chamas, de sob um monturo de baixezas. Renascem nelas, com renovado vigor, virtudes que estavam estranguladas por hábitos velhos de décadas. Há que pensar nisto. E bem pensado, podia transformar as nossas ideias sombrias sobre o mundo.

Mas a bondade, rapidamente aliada à graça, não se limita a suscitar mudanças de vida. Vai mais longe e robustece e anima as virtudes novamente descobertas. Dá-lhes a possibilidade de se desenvolverem, fazendo-as exercitar-se, ampliando-lhes o raio de ação. Uma boa ação não só pode reerguer muitos, mas ainda levá-los a conquistar para Deus dezenas de milhares de outros, e assim garantir-lhes a entrada na mansão eterna sob os aplausos dos santos e as boas-vindas do seu Rei.

Acima disso, é bem possível que todo o homem a quem se dispensou um ato de bondade deixe de recair num pecado a que, de outro modo, não teria resistido. Lançando um olhar sobre o mundo, parece-me ver em espírito uma quantidade inumerável de anjos que voam por entre as multidões dos homens e procuram — por toda a sorte de meios que não prejudiquem a livre vontade do homem — impedir o retorno ao pecado. Parece-me ver a graça partir de

Deus, pairar sobre as almas, envolvê--las e entrar nelas. Vejo o pecado fugir e ceder o lugar à graça em toda a parte, por mais que os corações estejam áridos como o deserto, perdidos na solidão do alto mar e frios como as neves eternas dos polos.

E, ao lado dos anjos, vejo ainda um outro grupo, de homens e mulheres aparentemente insignificantes que, de cabeça encoberta, correm de um lado para o outro no afã de semear o bem. Alegram os tristes, amansam os irados, abafam os gemidos dos doentes, enchem de esperança o olhar dos moribundos, consolam corações amargurados, desviam suavemente do pecado, no preciso instante em que se quereria cometê-lo.

Essas pessoas parecem possuir um estranho poder. Gente surda aos apelos dos próprios anjos dá-lhes ouvidos. Portas fechadas aos toques insistentes da graça abrem-se à sua chegada. E, mal aberta a porta, esses auxiliares prudentes de Deus afastam-se lestos para voltarem e trazerem a graça.

E como é maravilhoso o modo como esses instrumentos de Deus sabem adaptar-se ao seu papel! Hoje, são os emissários da graça. Amanhã, são seus sapadores e mineiros. Depois, cavalaria ligeira. Às vezes, suportam o fogo mais intenso da batalha, e há quase 5000 anos que não sabem o que é sucumbir. Esta é a ação da bondade, ao serviço ininterrupto de Deus, da manhã até à noite.

Força que neutraliza o desânimo

A bondade tem ainda outro efeito sobre os corações: encoraja-os a perseverar nos seus esforços por praticar o bem. Os maus hábitos, mesmo quando já sepultados como tais, deixam como sequela muitos rastos funestos. Uma das piores e das mais trágicas consequências é o desânimo: quase se pode dizer que não há nada que oponha maior resistência à graça do que a vontade de voltar ao vomitado (cf. Prov 26, 11) por força das dificuldades que se apresentam posteriormente.

Ora, torrentes de graça envoltas em bondade podem descer sobre uma alma desanimada. Como a chuva no telhado, assim escorre a graça por tais almas. Sejam quais forem as formas que o desânimo assuma — mau humor, surda indiferença, ilusões e decepções —, a misericórdia de Deus por meio de nós continua a banhar e assaltar essas almas, para que não retornem ao que eram.

O caminho da virtude, mesmo quando não leva montanha acima e discorre no plano, é duro e semeado de pedras. Toda a jornada é um pouco longa para as nossas forças. E não há meio de encurtá-la. As vinte e quatro horas do dia são iguais para todos nós, não só para o preguiçoso. Para este, as horas do dia são trinta e seis, porque se deixa ficar numa modorra sem fim. Mas todos nós podemos amar a Deus, amá-lo sinceramente, e contudo deixar-nos dominar bem cedo por um cansaço que nos prostra e, com o passar dos anos, nos mergulha na flacidez. Lembremo-nos de como nos magoava e doía a desistência de uma alma que colaborava conosco numa obra beneficente de promoção social, e um dia se cansou e foi-se. Quanto coração nobre não se sentiu abatido com essa infidelidade causada por um cansaço inglório! Diríamos que é o mesmo abatimento, se isso, fosse possível, do próprio Deus.

Devemos esforçar-nos não só por não nos cansarmos, mas para que não se cansem as pessoas que temos à volta. Quanta resolução para a glória de Deus ruiu por terra por ter faltado a determinada pessoa um olhar amigo, um olhar bondoso que lhe desse ânimos! Nós, porém, andávamos absorvidos no nosso próprio trabalho e nunca olhávamos para os outros. Ou então, roia-nos o ciúme, os nossos olhares eram frios, e mordazes as nossas palavras. Quantas instituições de caridade ou planos para a salvação das almas morreram no nascedouro por lhes terem faltado não tanto recursos econômicos, mas o apoio da nossa simpatia. E contudo...

Por exemplo, teria sido tão fácil incutir coragem ao sacerdote solitário que se deprime com a falta de correspondência ao seu zelo por parte dos paroquianos! Até que um dia, abandonado, exausto, sem uma só alma que o reanimasse, esse bom padre tombou sem forças — e quase sem culpa. Penetraram os lobos por esse cantinho do aprisco que o seu Mestre tinha cercado de tanto amor.

Sim, como é triste não ser bondoso! Parece-me que, com o pensamento posto no Preciosíssimo Sangue de Cristo, no dia do Juízo hão de pesar-me menos os meus pecados do que a minha falta de bondade, tão fértil em más consequências.

A bondade semeia bondade

É-nos difícil medir toda a extensão do mal que causa a falta de bondade. Mas também não é fácil avaliar na sua justa medida todo o bem que a bondade semeia.

Quantas vezes não teremos visto como um coração prestes a sucumbir se estreita cada vez mais! Condensam-se as nuvens da tristeza. Crescem de violência e em número as tentações da deserção... E, nessas situações, nem seria necessária uma palavra ou um gesto bondoso. Bastaria o tom de voz, um olhar de simpatia dirigido ao pobre ânimo abatido. Tudo se resolveria num instante, num momento. A alma combalida tomaria novo alento sob o calor desse rápido olhar, cheio de benignidade. Sentir-se-ia com forças para levar à prática aquilo que, no seu abatimento, resolvera não fazer. E esse encorajamento seria o primeiro elo de uma corrente cujo fecho tem por nome «perseverança final».

Por outro lado, a bondade é contagiosa. Jamais uma boa ação ficou confinada nos seus próprios limites, porquanto tem por marca mais característica a fecundidade. Uma boa ação leva a outra boa ação, não só nossa, mas dos outros. Os outros seguem-nos o exemplo. A boa ação lança raízes em todas as direções, e essas raízes desenvolvem-se e multiplicam-se: atingem no começo os que convivem conosco, e depois, através destes, outros mais, num círculo cada vez mais amplo. Eis o maior fruto da bondade: ela faz bondosos os outros. Os homens que mais bondade receberam são geralmente os que mais bondade espalham.

Embora haja almas nobres em quem o mal produz o bem, mantém-se intacta a regra geral: é a bondade que faz bondosos os homens. Se já o eram, tornam-se ainda mais bondosos. Se nunca o foram, aprendem de nós a sê-lo. Assim, a bondade derrama-se por todos os lados.

Uma vida de atos bondosos não termina com a morte de quem os pratica. Os raios invisíveis da sua influência estendem-se pelos séculos. Esse é o melhor dom que, como efeito da graça divina, podemos fazer aos que nos rodeiam: um dom que, em cadeia, se perpetua.

Que bem faz a bondade aos próprios bondosos?

Vimos os benefícios que a bondade oferece ao próximo. Que bem nos faz a nós?

Em primeiro lugar, ajuda-nos a libertar-nos do amor-próprio. Nascemos com uma inclinação natural para afagá-lo: é uma propensão instintiva, mais do que uma lei: se fosse uma lei, seria impossível combatê-lo.

Por outro lado, acontece que os atos de bondade podem arraigar-se em nós por força do prazer que nos proporcionam, dos louvores que suscitam por parte dos outros. Em certo sentido, esse passa a ser um ponto de vista do qual contemplamos as coisas. A bondade desloca-nos desse ponto de vista, transforma a nossa visão.

Pode existir coisa que mais nos importune do que o amor-próprio? Pode haver coisa que mais funestamente retarde o nosso crescimento espiritual? É verdade que o amor-próprio nos oferece uma grande oportunidade de nos desgostarmos de nós mesmos, já que é tão feio uma pessoa adorar-se a si própria. Mas são poucos os que têm a suficiente grandeza de alma ou coragem para fazer uso de tão esplêndida ocasião.

Sim, o amor-próprio precisa ser abatido, ou então não haverá progresso. E um bom caminho para isso é semearmos o dia de abundantes ações bondosas, corajosamente, abnegadamente, ações que nos tirem da tendência inata de termos por ponto de referência a má e egoísta auto-estima. E então o amor-próprio, se não estiver morto, estará ao menos anestesiado. E isto já é uma grande vantagem. Pode ser que nunca cheguemos ao desprendimento total de nós mesmos, mas com a bondade teremos dado um bom passo para nos esquecermos do nosso eu e assim nos aproximarmos do céu.

Além disso, a bondade parece conter no fundo da alma uma fonte secreta de alegria, cujas águas, a um toque, sobem e inundam o coração. Uma ação bondosa faz-se acompanhar quase sempre de alegria interior. E quem não experimentou já em si mesmo que a alegria interior é a atmosfera em que se realizam as grandes coisas para Deus? A bondade faz-nos semelhantes a Deus, que é o autor de todo o bem, e, naquele que a pratica por motivos de fé, dá origem a muitos acontecimentos sobrenaturais.

Caminho árduo

O séquito da bondade compõe-se de muitas graças, tantas que bastariam para nos fazer santos. Mas esse cúmulo de graças conta com o tempo para medrar. É certo que há naturezas bondosas desde o berço. Mas um menino realmente bondoso, uma menina realmente bondosa, constituem uma raridade. Como na vida natural, também na vida espiritual a bondade exige anos para se consolidar. Não é coisa para fervorosos principiantes. É troféu dos circunspectos e dos mais adiantados. Supõe mesmo tanta graça, que se transforma em escola de humildade.

É raro encontrarmos um orgulhoso que seja bom. A humildade faz-nos bondosos, e a bondade faz-nos humildes. Temos aqui um dos casos em que as boas qualidades são, ao mesmo tempo, não só causa e efeito, mas ainda a sua própria causa e o seu próprio efeito. Seria insensatez afirmar que a humildade é uma virtude fácil, pois já o seu grau mais baixo requer uma ascensão difícil. Mas podemos também dizer que a bondade é o caminho mais fácil para a humildade e, além de fácil, um caminho bem seguro. E não será precisamente a humildade a virtude de que mais precisamos, a virtude que sofregamente desejamos, aquela que remove os obstáculos e nos torna livre a pista no caminho para Deus?

O bem que faz a bondade

A bondade faz-nos muito bem. Seria quase mais fácil dizer o bem que não faz do que o bem que faz. É ela que leva os homens a depor todas as durezas e severidades. Controla os pensamentos, guarda as palavras, faz-nos abandonar esse espírito de crítica que caracteriza o autossuficiente.

A sua influência sobre o caráter é estranhamente decisiva, e, não obstante, como é suave, calma, constante e bem sucedida! Faz-nos ponderados, atenciosos. Pode ser que determinada boa ação seja filha de um impulso isolado. Mas quem tem habitualmente bons impulsos é geralmente um homem bom.

Aliás, a bondade a caminho de converter-se em hábito é menos a soma de generosos impulsos avulsos do que o crescimento constante numa generosa negação do eu. Para chegar a essa abnegação e ser sempre coerente, o homem necessita do autocontrole que bebe a sua força na oração e na mortificação. Esta é a raiz de uma bondade que se possa chamar constante. É preciso ponderar muitas circunstâncias, é preciso esperar com paciência pela ocasião oportuna de fazer o bem, e tudo isso é obra da graça que se colhe numa vida reflexiva — de oração —, que derrete as nossas asperezas, pairando por assim dizer acima dos nossos corações, tornando-os mais maduros, mais belos.

A bondade que procede dessa vida de reflexão faz-nos homens de têmpera, não estouvados. Tende a escassear as disputas lastimáveis e lastimosas. É verdade que estas não desaparecerão de todo, mas pelo menos conservar--se-ão debaixo d'água. Qual maré enchente, a bondade irá cobrindo os baixios que nos desfiguram e que antes ostentavam a desolação dos bancos de areia do nosso temperamento.

Os tesouros da bondade

Como é que podemos condensar numa só palavra todos os tesouros que a experiência da bondade nos traz? É ela que nos prepara muito particularmente para as sendas do puro e desinteressado amor de Deus, e é ela que aos poucos vai dando o tom a boa parte da nossa vida espiritual. Por ela, participamos eminentemente do espírito de Jesus, o que, já de per si, é sinal de santidade. E também, pela piedade que suscita em nós, aproxima-nos dos mundanos: lembra-nos constantemente que também os mundanos têm alma imortal como nós, por mais impermeáveis que se mostrem.

Mas andemos com cuidado neste campo da piedade. Porque pode haver piedades que não tenham o toque da bondade. Seria muito de desejar que os piedosos nunca fossem de uma piedade áspera e belicosa, ainda que sem abrir mão dos princípios. A gente «piedosa» pode ser muitas vezes a espécie de homens menos bondosa que existe.

Pode parecer escandaloso dizê-lo, mas há casos em que os «piedosos» são uma companhia descaridosa. Há homens caritativos, porém não caridosos, misericordiosos, mas vazios de bondade; desinteressados talvez, mas não bondosos. Se à sua piedade acrescentassem o calor da bondade, haveriam de converter dez, quando assim mal conseguem dissipar os preconceitos de apenas um. Há o perigo de um egoísmo espiritual, mais digno de lástima que de condenação. A piedade verdadeira é um dom sobrenatural, mas, se realmente for autêntica, terá por um dos seus melhores frutos a bondade. Não é compatível com a contemplação de nós mesmos, com o solipsismo.

A bondade é muito simplesmente a grande causa de Deus no mundo. O que é a nossa vida? É a missão de percorrer os quatro cantos da terra para reconduzir à felicidade de Deus o mundo infeliz. É entregar-se às maravilhas da vida divina para descobri-las aos outros pelo belo apostolado da bondade.

Capítulo II

DOS PENSAMENTOS
BONDOSOS

A bondade e a fé

Na natureza, nos costumes, no espírito — em toda a parte na criação —, há um secreto encanto, cuja origem não vemos. Atribuimo-lo constantemente a causas que não são, na realidade, senão suas consequências. Somente a fé nos leva à fonte dessas graças ocultas. É Deus que está em tudo. É a sua doçura que rompe as densas sombras que no-lo encobrem, que sobe à superfície das coisas e suavemente envolve todo o universo. A suavidade do Deus escondido é o encanto da vida. Torna atraente a natureza. É consolo em toda a dor. Faz-nos tocar Deus, apoiar-nos nEle. Senti-lo. Vemos tudo por meio dEle, sempre e em todo o lugar.

E, no entanto, Deus vem ao nosso encontro com tanta naturalidade que quase não O vemos. Se não fosse a nossa fé, não O veríamos. A sua presença é como a luz do dia quando o sol está encoberto. É como a luz que das montanhas cai sobre as pedras, rasgando ondas de nuvens espessas, ou como a luz na mata virgem, quando o vento agita o dossel das folhas, ou como flechas prateadas de luz nas profundezas azuis do oceano, onde há corais surpreendentes, algas brilhantes, peixes de cores assombrosas.

Mas não é com a mesma intensidade que a luz de Deus se filtra através de todos os seres. Há-os mais transparentes, há-os mais opacos. Uns desvendam Deus mais que outros. No mundo da espiritualidade, que é o único de que nos ocupamos nestas páginas, os pensamentos bondosos têm uma força especial para fazer cair sobre nós a luz do Deus escondido.

Os pensamentos dos homens constituem um mundo à parte, vasto e populoso. Mesmo os pensamentos de um homem de mentalidade estreita são admiravelmente vastos. Todos nós temos um mundo interior que governar, e só é verdadeiramente rei quem realmente o domina. Não há dúvida de que é grande a influência que as coisas exteriores exercem sobre nós. É certo também que as nossas disposições naturais dependem consideravelmente da educação que tivemos. Não obstante, é de dentro que se forma o nosso caráter: nasce no mundo dos pensamentos.

É lá, pois, que deve começar o nosso trabalho a caminho da bondade plena. Quem nesse mundo for senhor dos pensamentos dominará todo o seu ser. Quem souber controlar os seus pensamentos terá o controle absoluto de si mesmo. As águas das nossas palavras e obras sobem dos ocultos canais do mundo dos nossos pensamentos. Quem for senhor dessas águas será o senhor da cidadela.

A união da natureza e da graça é o sentido e fim de toda a nossa vida. O segredo da nossa vocação está precisamente nessa aliança. A qualidade da nossa missão e a idiossincrasia da nossa santidade são determinadas de modo diferente para cada um: constituem o ponto em que a natureza e a graça se fundem. Se encontrarmos esse ponto, compreenderemos o nosso passado, vislumbraremos o nosso futuro e possuiremos plena claridade sobre o nosso presente. Ora, na maioria dos casos, a união de natureza e da graça tem lugar no mundo dos pensamentos.

A nossa autenticidade depende do mundo interior

Vou ainda mais longe. Acho que os nossos pensamentos dão de nós um quadro mais verdadeiro que os nossos atos. Não estão sujeitos à influência do respeito humano. Não podem envergonhar-se de si mesmos, porquanto só Deus os presencia. Nada há que os obrigue a ficar dentro de certos limites ou a manter certas atitudes. Só motivos que se inspiram na fé podem exercer neles uma influência decisiva.

Quantas vezes tem lugar uma luta interna antes de nos decidirmos a cumprir o dever! E esta luta desenrola-se secretamente nos nossos pensamentos, sem que ninguém a possa captar. A frequentíssima contradição entre os nossos atos e as nossas opiniões sobre os outros só se explica se procede do reino dos nossos pensamentos, em que só Deus penetra. De fora, só está ao nosso alcance fazer conjeturas sobre os outros, e mesmo assim correndo o risco de pecar contra a caridade.

Por outro lado, os nossos pensamentos são indício de virtudes ou defeitos do nosso caráter que, devido a embaraços exteriores, podem não traduzir-se em atos: mostram as nossas reais disposições para o bem e para o mal. Quando morrermos, morreremos como somos, não apenas pelos nossos atos, mas pelos nossos pensamentos, e talvez mais por estes do que por aqueles.

E, além disso, não nos esqueçamos de que encontramos a Deus mais frequentemente no mundo dos nossos pensamentos. É aí que ouvimos os seus murmúrios, que respiramos o perfume da sua presença. É daí que vêm as primeiras vibrações da graça.

Se, portanto, os nossos pensamentos têm tanta importância, e se a bondade possui a influência que lhe reconhecemos, é óbvio que pensamentos bondosos têm um valor transcendente. O homem que, baseado em motivos sobrenaturais, tem habitualmente pensamentos bondosos acerca dos outros, não está longe da santidade. Os pensamentos desse homem não são bondosos a intervalos, não se amalgamam com pensamentos não bondosos nem dependem de certas circunstâncias ou do acaso. Os seus primeiros pensamentos são bondosos e não o largam, ainda que muita vez lhe tragam dor e desespero. Mesmo quando uma súbita paixão ou um forte abalo os põe em efervescência, em breve voltarão — como que por uma necessidade interior — a uma bondade afetuosa.

Tais homens são raros. Os pensamentos bondosos são menos frequentes que as palavras e os atos bondosos. Para consegui-los, é preciso que a pessoa reflita muito sobre si mesma, sobre o seu modo de ser, o que já em si é raro. E, além disso, que reflita muito sobre os outros, sem que esta reflexão se converta em crítica, o que é ainda mais raro.

Pelo seu temperamento, os homens ativos são os que mais se inclinam à crítica, e os seus pensamentos facilmente transvazam. Esses homens devem cultivar pensamentos bondosos, para que sejam um baluarte que os defenda de si próprios. Devem adoçar os seus pensamentos já na fonte, para contrabalançar o amargor dos seus juízos.

A raiz dos pensamentos bondosos

Mas os pensamentos bondosos procedem sobretudo da união com Deus e de um ideal divino na alma. Vêm de Deus. Tal como o amor pelo belo, não podem nascer de fonte menos nobre, como seriam o interesse pessoal, a paixão, a astúcia ou a aleivosia. Esses pensamentos preparam quase sempre para um caminho de sacrifício, e é por isso que geralmente só brotam a um aceno de Deus. Podem então medrar por entre as brumas espessas da vida terrena: são o perfume que traz consigo a presença do Criador na criatura.

Não se detêm na superfície e nas aparências. É-lhes contrária a superficialidade. Não há nada que dê tanta profundidade ao espírito como o exercício constante da bondade. A bondade não se contenta com a superfície, tende instintivamente para a profundidade, à procura das raízes. Não fica nas aparências, porque sabe que, salvo poucas exceções, a aparência de um homem é sempre pior que o seu fundo.

A bondade confere-nos a concepção mais autêntica da vida, a que mais nos aproxima da ideia de Deus e dos seus planos sobre o mundo e o ser humano: não só a ideia mais autêntica, mas a única verdadeira. Já se viu algum teólogo explicar-nos satisfatoriamente por que «os primeiros serão os últimos, e os últimos os primeiros» (Mt 20, 16)? Aquilo que em Deus é a sua ciência, isso são os pensamentos bondosos na criatura: são a mais profunda, a mais rica, a mais eminente verdade que podem alcançar as pobres e frágeis criaturas que somos.

A bondade e o louvor

E essa verdade devolve-nos à questão da humildade. Por que será que os homens, na sua grande maioria, não gostam de louvar os outros? Porque estão imbuídos do alto conceito que fazem de si próprios e nunca acham que os outros os avaliem como eles pensam que merecem. Daí que cuidem de pôr-se em evidência por iniciativa própria, de encarregar-se pessoalmente da sua fama e da sua grandeza.

Acabam por ser pessoas desagradáveis, fechadas aos outros, hipersensíveis aos seus direitos, e essa atitude sempre na defensiva, além de as tornar irascíveis, rebaixa-as ao nível dos que lhes são inferiores. Ora, pensamentos bondosos supõem geralmente uma opinião mais modesta acerca de nós mesmos.

O homem de pensamentos bondosos não possui direitos que deva defender, não tem fama que lhe cumpra dilatar. É tão grande a sinceridade com que se tem em conta de pouco, que há grande tranquilidade na sua alma. Acha os outros de trato mais agradável que o seu. É por isso que os outros o julgam tão atraente, e é por isso que encontra afeto em todos os seus caminhos, um afeto tanto mais duradouro quanto menos ele o reclama.

Os pensamentos bondosos, repetimos, têm como ponto de partida e alicerce seguro os princípios sobrenaturais. Com outros princípios não se chega à bondade interior. Quem é bondoso vive e respira numa atmosfera celeste. Não é obra da natureza, do temperamento, mas da graça divina. Se é verdade que houve pagãos bondosos, invariavelmente bondosos, podemos estar seguros de que vivem no céu, porque passaram por esta terra guiados pela graça, que os banhava pela retidão do seu proceder, mesmo sem serem cristãos.

As interpretações bondosas

Vamos tratar agora de outra classe de pensamentos bondosos: as *interpretações bondosas*.

Um exercício difícil, que geralmente só tarde se aprende na vida espiritual, é o de não fazer juízos negativos sobre o próximo. Quem se habituou a criticar passará pelo seu crivo, quase sem o notar, qualquer ação que vir. A crítica converte-se então de tal forma em natureza, que os atos do próximo, por mais distantes que estejam do âmbito dos nossos deveres e das nossas responsabilidades, parecem exigir de nós um juízo. As pessoas com quem estamos em contato, por um motivo ou por outro, tornam-se réus diante do nosso incansável tribunal.

A ação que este espírito de crítica exerce sobre a nossa alma é simplesmente destruidora. Temos de acabar com esse viés, custe o que custar, sob pena de sermos rejeitados por Deus eternamente. A medida do Juízo Final é uma só para todos: seremos medidos pela mesma medida com que tivermos medido os outros. A nossa tendência atual para a crítica mostra-nos qual seria a sentença que receberíamos se morrêssemos hoje! Queremos aventurar-nos a isso?

É verdade que não podemos livrar-nos da noite para o dia dos nossos julgamentos descaridosos. Mas também não podemos continuar com eles. Importa-nos, pois, passar pelo estádio intermédio daquilo que acabamos de chamar as «interpretações bondosas». São elas que nos levam a despojar-nos da nossa toga de juízes e conduzir-nos à bondade perfeita.

É tão difícil julgar as ações do homem! Uma apreciação exata depende, em grande parte, de termos em conta os motivos, e estes escapam à nossa percepção. Tantas vezes as aparências depõem contra atos que depois se nos revelam como atos de verdadeira virtude! Ninguém pode julgar os homens senão Deus. E a mais alta, a mais respeitosa imagem que podemos fazer dEle é a que no-lo apresenta como juiz dos homens, onisciente, sim, mas precisamente por isso serenamente misericordioso no transcorrer da nossa vida. Ora, as interpretações bondosas são a imitação dessa misericórdia do nosso Criador, que é engenhoso em achar desculpas para as suas criaturas.

Será para nós um dia de grande graça aquele em que o aprofundamento na fé nos fizer reconhecer que Deus é cheio de misericórdia por ser onisciente, por conhecer os motivos das nossas ações. E é partindo dessa descoberta que reconheceremos facilmente na bondade a nossa ciência suprema, porque é imagem da ciência de Deus. Esta é a ideia das interpretações bondosas e do uso que delas devemos fazer.

Devemos exercitar-nos por longo tempo em pôr freios à tendência quase incurável de julgar os outros. Devemos ir-nos habituando a detestar os olhos de lince que temos para o mal, em vez de nos orgulharmos tanto do que consideramos prova da nossa acuidade de espírito. Não é a nossa vista aguda a fonte de tantas apreciações mordazes e até sarcásticas? E quantas dessas apreciações tem havido, desde a criação de Adão, que não fossem pecado? O nosso talento para analisar o caráter e as ações das pessoas será outra coisa senão a terrível faculdade de pecar gravemente contra a caridade? Melhor nos fora não tê-lo nunca possuído. É o talento mais difícil de ser administrado, porque é imensamente custoso tirar dele alguma coisa para a glória de Deus.

O dom da visão aguda é sem dúvida uma bênção, mas há lugares e horas em que é maior bênção não ver. A santidade seria relativamente fácil para nós se fôssemos capazes de emitir um juízo sobre o caráter do nosso próximo envolvido unicamente em refrescantes sombras sob um sol escaldante ou à luz amável e tênue do luar. Isto não significa que devamos ter os olhos cegos para o mal; não demoraríamos a viver num mundo irreal. Mas é preciso subir a alguma coisa mais nobre do que a de descobrir o mal logo à primeira vista.

Por outro lado, devemos subir a alguma coisa mais verdadeira. Decididamente! Não nos tem mostrado a experiência que, em muitíssimos casos, as nossas interpretações bondosas foram afinal mais acertadas que as más? Como nos enganaram os nossos juízos! E não foi condenando que nos enganamos? Quantas vezes não teremos emitido um juízo negativo por parecer-nos ver determinada coisa clara e inequívoca como o sol! Enchemo-nos de indignação e tomamos providências. Mas de repente toda a questão se esclarece de um modo simples, tão simples que não conseguimos sair do espanto por não a termos descoberto por nós mesmos.

«Desconfiai sempre dos casos muito claros», diz um jurista. Coisas inicialmente obscuras começam a iluminar-se: o que parecia impenetrável torna-se transparente. Coisas sobre as quais cada um tinha uma opinião diferente — como, digamos, plantar uma árvore para que cresça direita — entendem-se agora imediatamente, tão clara e natural era a solução. Coisas aparentemente inexplicáveis de todo tornam-se agora de facílima compreensão. Não nos bastam os dez dedos das mãos para contar quantas vezes nos enganamos. Não teremos notado já que, geralmente, avaliamos os outros pelo que nós mesmos somos, pelo nosso modo de ser?

Por outro lado, a graça é muito mais frequente do que a nossa mesquinhez gostaria de reconhecer. Mesmo nos indivíduos da pior espécie, devemos contar sempre com a sua ação escondida. Assim, sem violentar a natureza das coisas, podemos ser mais bondosos nos nossos juízos, servindo-nos de considerações sobrenaturais. E quando formos um pouco mais santos, quereremos recorrer a esses mesmos motivos de ordem sobrenatural para rebaixar o nosso amor-próprio e incrementar o nosso respeito pelos outros.

Para a quase totalidade de nós, as interpretações bondosas apoiadas no sentido sobrenatural constituem uma nova vida num mundo novo. Mesmo que nos imaginássemos, por exemplo, situados num outro planeta, com outras leis, certamente seria menor a diferença que há entre a nossa vida puramente natural e a vida moral, que nos compele a interpretar habitualmente com bondade tudo o que vemos e ouvimos, a ter pensamentos bondosos sobre cada homem. Não só entraríamos num mundo novo, como a nossa vida adquiriria dimensões de nova profundidade. Mais ainda, abrir-se-ia às realidades do mundo eterno no seio de Deus.

Que soma fantástica de amarguras não carregamos conosco! Que se há de fazer disso tudo? Convenhamos que não as podemos levar para o céu. Como havemos de livrar-nos delas? Não é certamente com a morte, como se se tratasse de livrar-nos de um câncer extirpando o órgão afetado. No melhor dos casos, entraremos num longo processo, num processo doloroso, ainda que esperançoso, no purgatório. E poderemos dar-nos por muito felizes se o peso dos nossos juízos temerários e ressentimentos não nos arrastar para ardores ainda mais profundos, para um abismo donde ninguém sai.

Qual será o nosso estado quando chegar a hora de entrarmos no céu? Sinal muito importante será em nós a falta absoluta de azedume e de espirito crítico, e uma medida cheia de pensamentos bondosos, caridosos. Quem se exercita nos pensamentos bondosos exercita-se muito especialmente para o céu. Mais ainda, merece o céu. Porque então reproduz em si, com a graça, os traços da Divindade em que repousa toda a nossa esperança: os traços da sua misericórdia infinita, que não tem pensamentos que não sejam de paz e de uma compaixão sem limites.

O exercício das interpretações bondosas influi decisivamente também na nossa vida espiritual. Permite-nos adquirir o domínio completo da língua, sem o qual é vã toda a religião, como diz o Apóstolo (cf. Tg 1, 26). Dá-nos uma luz viva e serena para nos conhecermos melhor. Põe doçuras especiais no exercício da fé. Facilita-nos o acesso a Deus:

abre e aplaina o caminho da oração. É na nossa alma uma fonte de alegria que poucas vezes cessa de correr, poucas vezes e por pouco tempo.

Não se pode descrever com palavras a beleza das almas sempre bondosas nos seus pensamentos e interpretações. Para elas, a vida é permanentemente uma tarde luminosa, serena, cheia de aromas e encantos. Dissipam-se os nevoeiros da vida, acalmam-se as inquietações. Todas as cores se combinam e se suavizam como no crepúsculo. E nesses reflexos de ouro a vida torna-se beatífica, verdadeira antecipação do Céu.

Capítulo III

DAS PALAVRAS BONDOSAS

Aos nossos pensamentos seguem-se naturalmente as palavras. As palavras bondosas são a música do mundo. Têm um poder que parece ultrapassar a natureza, como se fossem o canto perdido de um ser celestial que chegasse à terra, abrisse suaves feridas nos nossos corações e nos desse por algum tempo a natureza de um anjo. Parecem quase conseguir o que só Deus pode: abrandar os corações duros e iracundos.

Muita amizade duradoura, nobre, desinteressada, não teve um começo tão seguro como uma boa palavra.

Esses dois homens que vemos só dificilmente podiam tornar-se amigos. Um contemplava a vida do outro, quem sabe, com uma grande desconfiança. Talvez, pelos mexericos de terceiros, foram lançados um contra o outro. Ou consideravam-se rivais e faziam questão de, com o sucesso próprio, arrasar o sucesso do outro. Mas uma boa palavra foi suficiente para tudo polir novamente e abrir caminho para uma longa amizade.

O poder das palavras bondosas revela-se na eliminação de preconceitos, mesmo quando profundamente enraizados: nós todos já fizemos esta experiência. Por longo tempo tivemos preconceitos contra certa pessoa. Pareciam-nos bem fundados. Víamos diante de nós, claramente, toda a história. E subitamente a notícia de uma boa palavra pronunciada por essa pessoa ou uma palavra cordial que nos dirigiu inesperadamente e como que por acaso derretem as nossas ideias preconcebidas. Não há lógica no caso. Mas o que há é um poder superior à lógica: simplesmente o poder de algumas palavras bondosas.

O mesmo se pode dizer das altercações. Relações que pareciam desesperadamente comprometidas depois de um embate ou uma discussão momentâneos, reatam-se graças a umas palavras bondosas, a uma mão estendida antes de que a mágoa se cristalizasse.

Já as desavenças que vêm de tempos recuados são mais difíceis de pacificar. Primeiro, as nossas palavras podem não ser aceitas como confissão de culpa da nossa parte. Depois, podem ser tomadas como adulação ou parecer que encobrem segundas intenções. Geralmente, as desavenças baseiam-se num mal-entendido e conservam-se vivas pelo silêncio recíproco. Um mal-entendido que dure mais de um mês corre o risco de nunca poder desfazer-se.

A nossa única esperança e certeza reside numas palavras bondosas de lenta aproximação, ainda que ditas e repetidas sem resultado visível: chegará um dia em que darão resultado. Acabarão por esclarecer o equívoco e, mais ainda, tornarão supérflua a necessidade de chegar a um acordo, neutralizando assim o perigo que acompanha todas as explicações: o de reabrir velhas feridas.

Em todos estes casos as palavras bondosas curam. E não só isso: são criadoras. As palavras bondosas criam felicidade. Ora, como já dissemos, a felicidade é a grande força motriz da santidade e, por isso, além de nos fazerem felizes, as palavras bondosas têm a força de nos fazer santos e, por conseguinte, de conquistar homens para Deus. Já tratamos disto nas considerações gerais sobre a bondade. Devemos, porém, sublinhar que as palavras possuem força própria, tanto para o bem como para o mal. Esta força exerce sobre os que nos rodeiam maior influência do que os nossos próprios atos. Dir-se-ia — se fosse lícito servirmo-nos de tal expressão no âmbito dos valores espirituais — que pela voz e pelas palavras «hipnotizamos» os outros para Deus. É assim que o mundo se converte pela loucura da pregação. E, em sentido contrário, a palavra descaridosa, irada, rói a alma dos homens por mais tempo que um gesto de cólera, por mais tempo às vezes que uma bofetada.

O poder da palavra bondosa

Tudo o que, nas considerações gerais, dissemos sobre o poder da bondade é válido muito especialmente acerca das palavras bondosas. Dissipam as nuvens perigosas dos semblantes carregados e tristes. Previnem o mal. Expulsam os demônios. Quebram a força de atração das tentações. Abrem a alma aos conselhos salutares e preparam-na para uma mudança de vida, convertem o homem.

Às vezes, estas conversões são lentas; outras vezes, são rápidas; mais vezes ainda, são súbitas revelações do céu, que resolvem mal-entendidos enredados, derretem convicções empedernidas, revelam à alma uma vocação divina.

Valeria a pena atravessar incêndios e mares para poder pronunciar palavras bondosas. Mas não é preciso chegar a esses extremos, porque estão ao alcance da mão, e usá-las é tão fácil como é admirável o seu poder. Os sacrifícios que exigem são poucos e, muitas vezes, não pedem sacrifício nenhum. Quando se ganha o hábito das palavras bondosas, o esforço que reclamam não é maior do que o esforço de que a água necessita para correr. E as ocasiões não se apresentam espalhadas pela vida em grandes intervalos. São de cada dia. Repetem-se num mesmo dia.

Isto tudo são coisas sabidas e experimentadas. Mas não menosprezamos todos nós a força das boas palavras?

Poder tão assombroso, facilidade tão grande, ocasiões tão frequentes de exercê-lo — e eis que o mundo continua a ser o que é, e nós continuamos a ser o que somos! Parece incrível. Mas a causa disso está em que é impossível sermos habitualmente bondosos sem o auxílio da graça divina e sem motivos sobrenaturais. Nem as nossas disposições naturais nem o estoicismo do filósofo conseguirão elevar-nos a um estado de imutável bondade. Com a graça, porém, cedo se conquista e dificilmente se perde.

A compreensão, imitação de Deus

O conhecimento crescente do pouco que valemos, proporcionado pela união crescente com Deus sob o impulso da graça, torna-nos compreensivos com os outros*. A aspereza, a amargura, a ironia mordaz, a meticulosa observação dos outros, a procura de motivos para menosprezar os outros — tudo isso desaparece quando alguém, seriamente, se conforma com a imagem de Jesus Cristo. A bondade, para ser perfeita, para ser constante, tem necessariamente de ser uma consciente imitação de Deus. E só o esforço por tornarmo-nos semelhantes ao nosso amabilíssimo Senhor é fonte de atração que cativa suavemente todos os que se aproximam de nós.

O prêmio das palavras bondosas

As palavras bondosas, como acabamos de ver, convertem-se em hábito

---

(*) «Se és tão miserável, como estranhas que os outros tenham misérias?» (Josemaria Escrivá, *Caminho*, 11ª ed., Quadrante, São Paulo, 2016 n. 446) (N. do E.).

sólido quando bebidas no relacionamento assíduo com Jesus Cristo. Vejamos agora qual é o prêmio que as espera.

Quem fala de bondade fala de alegria. Andam sempre unidas. A felicidade dos outros e a nossa própria constituem o duplo prêmio das palavras bondosas. Haverá no mundo felicidade comparável à que nos vem da felicidade de outrem provocada pela nossa palavra afetuosa? Aqui empalidece qualquer outra alegria. O luxo dos ricos, os sucessos da ambição, os prazeres da arte e da natureza, o gozo de uma saúde inabalável, a alegria das criações do espírito — tudo isso nada é em comparação com as alegrias puras daquele que a si mesmo se perde na felicidade que semeia nos outros.

As palavras bondosas fazem-nos felizes ainda porque, amainando as nossas irritações, apaziguando os nossos cuidados, nos conduzem para mais perto de Deus. Elevam a temperatura do nosso amor. Dão-nos o sentimento tranquilizador da paz. Põem-nos no coração a paz de Deus. Este é o segundo prêmio.

Além disso, a bondade do coração ajuda-nos a alcançar a graça de Deus. Sobretudo a graça da contrição, que derrete a dureza da alma diante de Deus. Tudo o que nos faz brandos, faz-nos arrependidos. Há um nexo entre a bondade para com os homens e a atitude de um humilde arrependimento em face de Deus, que é a suprema Bondade. O homem bondoso está em condições de entender a bondade divina, que é pura misericórdia para com as criaturas. E não é também isto uma grande recompensa? Está aqui o terceiro prêmio.

E, finalmente, as palavras bondosas tornam-nos verdadeiros. É disto certamente que necessitamos! Faz-nos gemer o peso da nossa insinceridade, da nossa múltipla e arraigada falsidade. É uma verdadeira servidão, uma lepra que dificilmente se cura: tendemos a ser uma coisa por dentro e outra por fora. Ora a palavra bondosa não pode ser fingida; caso contrário, vê-se logo que é postiça, e assim se mostra estéril, não oferece paz, ânimo e consolo: é puro palavreado. Tem de resultar de um sentimento de benevolência intimamente experimentado como um eco da bondade de Deus, que é sempre veraz: Deus não mente.

Escolhos para a palavra bondosa

Há uma tentação que nos espreita no campo da palavra bondosa: a de querermos ser *espirituosos*. Mas comentários espirituosos quase nunca são bondosos. Há neles uma gota de acidez, e tudo o que têm de ácido está precisamente nessa gota.

Não me refiro, naturalmente, às palavras brincalhonas ditas numa roda de amigos, que trazem descontração, cordialidade e simpatia, que «mexem» com os outros, mas sem segundas intenções. O «espírito» de uma frase bem-humorada, que não põe a descoberto um defeito alheio, mas apenas um modo de ser, é manifestação de afeto. Qualquer observação arguta que deixe o outro em ridículo ou constrangido tem alguma coisa do punhal que fere e envenena. Há homens que se consideram superiores por serem «especialistas» em mostrar-se argutos. São o sepulcro da verdadeira sociabilidade, e apenas revelam autossuficiência e uma acuidade maldosa inteiramente contrária à caridade.

Guardemo-nos de ter como amigos, nem mesmo como conhecidos, os que se empenham em troçar dos outros com boa dose de malevolência. Não há ninguém que realmente os estime. «Il n'est pas ordinaire que celui qui fait rire se fasse estimer», diz La Bruyère. Raras vezes se faz estimar a pessoa que faz rir. Além de que, com ditos mordazes, corre-se o risco de pecar contra a justiça, revelando segredos.

Eu creio que, se tomássemos seriamente a resolução de não dizer nunca uma palavra espirituosa que deixe mal-parado um familiar, um amigo, um colega, daríamos passos bem maiores no caminho para o céu. Deviam servir-nos de exemplo as palavras do Verbo

Eterno nos Evangelhos. Todas elas são palavras impregnadas de bondade, mesmo quando têm de corrigir defeitos visíveis ou deslizes que se prestariam a um comentário jocoso.

Assim como existe a graça de falar com bondade, existe a de escutar com bondade. Uns ouvem distraídos o que lhes dizem; vê-se que os seus pensamentos estão bem longe. Outros parecem escutar, mas dão respostas vagas, fazem observações à margem do assunto: vê-se que estão ocupados com o seu mundo, pretensamente mais interessante. Outros ainda escutam o interlocutor com uma espécie de atenção feroz, dão a sensação de pô-lo no banco dos réus, como quem espera ouvir uma mentira ou uma coisa que ele desaprova. Este interrompe-nos e não nos deixa terminar. Aquele escuta-nos até ao fim, mas conta-nos depois um caso semelhante que se passou com ele, e a nossa história só serve para ilustrar o seu caso. Alguns querem ser amáveis, e ouvem-nos com uma atenção tão fria que nos sentimos embaraçados, e lá se vai o encanto da conversa ou o consolo da confidência. Muitos homens, agradabilíssimos quando falam, não sabem escutar quando lhes falam. Escutar com bondade é muitas vezes o ato da mais avançada mortificação interior, que auxilia muito as palavras bondosas.

Uma outra dificuldade está em não sabermos reprimir a irritação quando nos encontramos com pessoas cujo caráter tem a particularidade de não afinar com o nosso: dizem coisas disparatadas, escolhem os temas mais infelizes de conversa, as suas falas têm sempre para nós alguma coisa de impertinente. Exasperam-nos quando se aproximam de nós, fazem-nos explodir à menor coisa que nos contam.

O desprendimento de nós mesmos, a rapidez e a facilidade de nos livrarmos do próprio eu encontram no contato com esses homens resistências muito particulares. Achega-se a nós alguém com uma dor imaginária, quando nós é que estamos oprimidos por uma dor de verdade. Ou então é uma pessoa de voz fanhosa ou de riso metálico e estrondoso, e isso mexe com os nossos nervos. Ou ainda quer derramar a sua felicidade incontida no nosso coração num momento em que o temos mergulhado em trevas. Preocupa-nos uma responsabilidade, rouba-nos a paz um embaraço financeiro, tiraniza-nos qualquer pressentimento aziago, e, não obstante, há os que querem o nosso auxílio numa dificuldade ridícula, numa injustiça quase fantasiosa para a qual solicitam a nossa compaixão.

Há nisto tudo matéria abundante para a nossa santificação. Matéria, na verdade, difícil de ser trabalhada. Porque é custoso limpar telhas velhas para empregá-las numa nova construção.

A recompensa e a eficácia da bondade

Tudo isto é penoso. Mas nós temos que entrar no céu e não podemos perder tempo. Já o dissemos a propósito dos pensamentos: quanto mais humildes formos, tanto mais bondoso será o nosso falar; e vice-versa, quanto mais bondosas forem as nossas palavras, tanto maior será a nossa humildade. Ostentar ares superiores é coisa que serve mal a bondade. Quem é bondoso parece antes receber benefícios do que distribuí-los. A bondade é o caminho para todas as virtudes, e as palavras bondosas auxiliam-nos na caminhada.

Dos sacrifícios que isto nos exige nasce então a grande e superabundante recompensa — uma alta, perfeita, fácil, rápida santidade. E nascem inúmeras ocasiões de praticar o bem. O homem de palavras bondosas é um homem cheio de alegria, e a jovialidade e o bom humor têm uma enorme capacidade de fazer o bem. Não há nada que cure tão depressa o mal como o bom humor. Há mil coisas que precisam de reforma, e não há reforma sem bom humor. Nunca ninguém se emendou por ouvir uma palavra mordaz.

Os homens pleiteiam mudanças na política, nos costumes, na filosofia, na literatura, talvez também na Igreja. Fazem preleções, escrevem livros, fundam revistas, abrem escolas para a propagação das suas ideias, unem-se em associações, ajuntam dinheiro — tudo por uma causa nobre, sem dúvida. Mas não obtêm resultado nenhum, se se tornam arrogantes, exaltados, como se fossem os donos da verdade. Tornam-se intransigentes e frios no relacionamento. E, à semelhança dos profetas despeitados, acabam por morrer na impotência com um grito agudo. Não se sabe ao certo por que gritam assim. Talvez para terem mais ar. É a demência da sibila desprezada.

E tudo isto porque lhes falta a alegria da bondade. Porque sem essa alegria não há reforma que dure. E se no mundo há mil coisas para serem reformadas, há dez mil homens para serem convertidos. Os maus modos não convertem.

Nada poderemos fazer por Deus sem a palavra bondosamente alegre. Quando falta, falha a maior parte dos planos de bem-fazer. Um homem bondosamente alegre ou alegremente bondoso é apóstolo e evangelista a um tempo. Apóstolo que leva os homens a Cristo. Evangelista que mostra aos homens a imagem de Cristo.

Capítulo IV

DAS AÇÕES BONDOSAS

Nas claridades esplendentes do céu, há felizes sem conta. Pois bem, foram ações bondosas as que levaram para o céu essas inumeráveis almas: ações bondosas praticadas por elas mesmas, ações bondosas que lhes foram feitas.

As nossas considerações sobre a bondade seriam incompletas se no fim não falássemos das ações bondosas e, por último, do sofrimento bondoso.

Quanto a nossa vida passada não deve às ações bondosas que tiveram conosco! Vejamos os nossos últimos vinte ou trinta anos: que quantidade assombrosa de atos bondosos não nos foi dispensada! A nossa memória quase não os consegue reter. E nas circunstâncias mais diversas. Umas vezes, a ação bondosa vinha acompanhada de uma amável censura; outras, de um louvor. Umas vezes, fez-nos sorrir no meio de um mar de lágrimas; outras, fez irromper em nós lágrimas de alegria.

Essas ações bondosas vieram-nos de todos os lados. De homens de quem as podíamos esperar. De homens que pareciam mostrar-se indiferentes. Até mesmo de pessoas de quem era de recear que nos tratassem com destempero e agressividade. Foram tão surpreendentes, vieram em tanta profusão, que se nos afigurou termos bebido todo o caudal de bondade que existe no mundo. A ternura invade-nos o coração quando o relembramos.

Cada uma dessas ações bondosas fez-nos bem à alma. Prepararam a emenda da nossa vida, quando não a causaram. Lançaram as sementes para um bem futuro. Deixaram-nos uma impressão inapagável, de que não tivemos consciência: foram graças recebidas das mãos de Deus, foram o bem vindo por meio das mãos dos homens. Desceram sobre toda a nossa vida e fizeram-nos felizes.

As ações bondosas rodearam-nos como anjos infatigáveis, dispensando-nos em excesso, diríamos até sem discernimento, toda a sorte de bens, quase contra a nossa vontade. De quanto mal não nos preservaram! Dos muito males que conhecemos, de muitos mais males que ignoramos. E para quanta boa ação nos encorajaram! É inimaginável o que teria sido de nós se os outros tivessem economizado para conosco a menor parcela de bondade.

Não estávamos prestes a praticar um ato que nem o arrependimento de uma vida inteira seria suficiente para apagá-lo? Não havia já desenhadas nos nossos lábios palavras que depois bem queríamos ter remido com o sacrifício de um dos nossos membros? Já não hesitamos em tomar ou adiar uma resolução da qual dependiam o nosso tempo e a nossa eternidade? Não vemos, ao olharmos para trás, declives escorregadios pelos quais já começávamos a resvalar? Salvou-nos então uma ação bondosa. E, no entanto, pensávamos apenas ter tropeçado numa simples pedra do caminho. Que teria sido de nós se pais, amigos, professores, condiscípulos, subordinados e mesmo inimigos tivessem sido menos bondosos conosco?

Agradecer a bondade que tiveram conosco

A lembrança dessa bondade — uma lembrança cheia de maravilhada gratidão — é um dos mais eficazes auxílios para caminharmos rumo à perfeição cristã e assim encontrarmos com facilidade uma fonte de alegria interior. Tudo isto, nós o devemos à bondade dos outros.

Mas o pensamento de toda a bondade que nos dispensaram traz também uma nota de pesar, que chega a ser uma laje difícil de suportar, porque nos vem então à consciência a nossa própria falta de bondade. Não será que somos obrigados a comportar-nos dessa mesma bendita forma com todos os que se fizeram nossos credores? Ainda não somos o que deveríamos ser em bondade agradecida. É muito o que nos falta!

As ocasiões de atos bondosos

Não é difícil manifestar bondade. As ocasiões para uma ação bondosa são múltiplas. Ninguém passa o seu dia sem as encontrar, mesmo que esteja de cama.

Entre vinte ações, pode haver algumas que exijam sacrifício da nossa parte. Mas esse generoso sacrifício traz consigo o seu prêmio. Recebemos mais do que sacrificamos. Muitas vezes, o ganho é exterior, mas sempre será interior pela alegria que proporciona.

Por outro lado, mesmo que seja altamente sacrificada, a bondade é lucrativa. Até mesmo porque os homens costumam apreciá-la em mais do que representa. Não reparam tanto no sacrifício que custa uma boa ação, mas para a bondade que a envolve. Interessa-lhes menos o que damos do que o modo como o damos. O sacrifício em si significa alguma coisa, mas não demasiado. Mesmo o mundo, tão pouco bondoso como é, contempla a bondade com lentes de aumento. Lembra o aparente cálculo errado de Deus, que atribui tamanho valor às insignificâncias do nosso amor.

Seja como for, esse pequeno «erro» de apreciação dá às ações bondosas um verdadeiro poder. A bondade tem efeitos desproporcionadamente grandes. Uma ação bondosa, por menor que seja, é maior que o pior dos males. O menor peso de bondade excede o maior peso de uma injustiça. A sua ação é rápida e é extensa. Toda a ação bondosa atinge e torna devedor um vasto círculo. Não se restringe à pessoa beneficiada, estende-se a muitos. Quem é bondoso semeia uma maravilhosa rede de amor.

Uma ação bondosa é longeva. Perdura. O passar do tempo não consegue roubar-lhe o perfume. Não é raro que alguém retribua uma boa ação passado meio século, porque não foi há cinquenta anos que lhe fizeram um bem, mas *hoje*, pelos seus efeitos permanentes. Com o tempo, a dívida de agradecimento parece aumentar. É como se cavássemos um poço em busca de água: quando por fim a encontramos, descobrimos que alcançamos profundidades insuspeitadas. A nossa vida, como que por necessidade, transformou-se em ditoso e transbordante jorrar de bondosas ações, e, como que levados pelas asas do vento, fomo-nos aproximando do céu.

É por isso que a gratidão me parece tão doce e tão íntima, de uma intimidade humilde e vigorosa a um só tempo.

Bondade e ascese

A todos nos ocorre neste momento uma objeção. Não será que tudo o que acabamos de expor deixa entrever uma concepção bem pouco sobrenatural da vida espiritual? Ou que se atribui um peso exagerado a virtudes puramente naturais? Ou que há em tudo isto bom senso demais e teologia mística de menos?

Responderíamos, em primeiro lugar, que é um erro pensar que se pode chegar ao cume da espiritualidade sem começar pelo esforço de dominar o temperamento e a conduta externa. Os principiantes gostam de concentrar a sua atenção nas experiências interiores,

e passam por alto as virtudes do caráter. É verdade que é muito grande o poder de atração de um plano de orações
e de práticas de piedade encaminhadas
a dar como fruto uma amizade íntima
com Deus, a fomentar um trato frequente com Cristo pela oração e pelos
sacramentos, a cultivar uma devoção
terna por Maria, etc. Tudo isso, sobretudo no começo, faz-se acompanhar de
sentimentos muito gratos que incitam a
progredir nessa via.

Mas esses sentimentos podem levar a centrar os esforços apenas em
recolher-se melhor, em orar sem distra-
ções e com fervor, em ler livros que fa-
lem das maravilhas da vida com Deus,
esquecendo que essa vida pela qual se
suspira pede, como primeiro objetivo,
que se afastem os obstáculos do modo de ser, obstáculos que, em última

análise, comprometerão, se não afogarem, qualquer progresso sólido na união com Deus.

Não se dá importância ao trabalho de combater as arestas do temperamento — muitas vezes irascível, rude —, de dominar a língua, de mortificar a tendência para a autoexaltação ou de adquirir qualquer outra virtude cuja ausência torna a pessoa desagradável no seu relacionamento com as pessoas do seu meio. É uma carência que tem como resultado paralisar os efeitos da graça. Faz com que a vida de piedade não passe de uma embrulhada de loquacidade sentimental.

É frequente que a pessoa que envede por esse «atalho» se agarre com zelo doentio às práticas extraordinárias dos santos: sente-se atraída pelas extravagâncias. Por exemplo, pede violentamente a Deus que lhe mande uma doença grave como meio de purificação, mas não possui a fortaleza suficiente para suportar uma pequena dor de cabeça. Implora que chovam sobre ela as calúnias, mas qualquer gracejo a irrita. Despreza as virtudes morais ordinárias, os deveres do seu estado, a responsabilidade perante os outros. Acha-se tão alto que se convence de que já vive no céu e dispensa-se de considerar que a vida na terra é milícia e combate (cf. Jó 7, 1). Assim, a sua vida espiritual converte-se numa espécie de ilusão egoísta, na faceira — mas trágica — adoração de si mesmo.

Não é este o caminho dos santos. As verdades preciosas da mística só se colhem depois da ascese sincera de cada dia, isto é, do esforço por purificar o temperamento. Por paradoxal que pareça, é precisamente quando por mercê de Deus chegamos às alturas da vida espiritual, que melhor compreendemos que temos os pés de barro e somos como todos os outros: obtemos então a graça de não nos singularizarmos, e isso tem maior valor que uma graça que nos separa ostensivamente dos exercícios e costumes dos outros.

Quer-me parecer que lançar-se ao sobrenatural de um modo que vire as costas à natureza é um perigo que nos ameaça a todos. Daí a rejeitar o sobrenatural o passo é pequeno. Podiam-se levar horas a apontar exemplos dessa tendência infeliz.

A bondade que passa pelo crivo da ascese cria o «instinto» do bem

Dizem os naturalistas que o que mais espanta na formiga é o seu instinto de magistral e rápida adaptação. Chega quase a envergonhar os seres racionais a rapidez com que trabalha num meio inteiramente novo, a sua arte em inventar modos de vencer dificuldades antes desconhecidas, a sagacidade com que adapta os seus instrumentos a um novo campo de ação, a faculdade de adivinhar num instante como proceder ante uma situação inesperada, a previsão que lhe torna supérflua quase toda a experiência prévia.

Ora, a bondade tem um privilégio bem semelhante. Mediante os esforços laboriosos por dominar o temperamento, chega-se a criar um «instinto para o bem». E então, pessoas de verdadeira vida interior, que timbram em cultivar particularmente a bondade, estão admiravelmente livres de ilusões, que são o que mais atrapalha no combate espiritual.

O «instinto» de bondade já não permite à pessoa perplexidades nem perturbações. Nenhuma situação lhe parece nova, nenhuma dificuldade imprevista. Neutraliza com toda a rapidez as mutações súbitas do amor-próprio ou as arremetidas do capricho. Descobre novos métodos de defesa e novas estratégias de ataque. Possui sempre luz suficiente para o seu apostolado, pois que ela mesma é porta-luz.

São profundas e íntimas as afinidades da bondade com tudo o que caracteriza os estados superiores da vida espiritual. Os atos bondosos obedecem a motivos desinteressados, e isso, por sua vez, dá acesso aos patamares mais subidos do amor de Deus. Esses atos agarram-nos como anjos fortes para nos levarem às regiões do sacrifício.

Têm por fonte última, ainda que não o percebamos, a bondade divina, e visam sobretudo o que não promete louvor e retribuição, pois estes estão reservados unicamente a Deus. À semelhança do Preciosíssimo Sangue de Cristo, derramam-se de preferência sobre os inimigos. A semelhança de Deus, para cuja glória tudo concorre, têm por objeto único glorificar o Senhor. À semelhança da Providência Divina, procuram instintivamente passar despercebidos, de tal maneira que não possam receber agradecimentos.

O que fazer com o louvor alheio ou próprio?

Talvez seja oportuno propor aqui três regras singelas para os atos bondosos.

Ainda que a maior parte desses atos, como dissemos, não requeira esforços, quando os requerem, é contra a bondade fazê-los notar. Não devíamos nunca apregoar as nossas boas ações. Se o fazemos, desaparece de chofre a sua influência, e abate-se sobre nós um grave pesadelo. Há muito monte de lixo na nossa alma, mas nenhum que nos sufoque tanto.

Quando os outros vêm manifestar-nos a sua gratidão, habitualmente devemos cortar-lhes as palavras com um gracejo descontraído e sem afetação. Mas sem deixar de ter em conta que há homens que se sentem magoados se rejeitamos bruscamente os seus agradecimentos. É preciso deixá-los falar. É prova do mais fino tato e de caridade deixá-los — com naturalidade e simplicidade — extravasar os seus sentimentos e louvar-nos. Se são poucos os que sabem louvar, menos ainda são os que sabem ser louvados.

Por outro lado, não devemos nunca comprazer-nos interiormente no bem que fizemos. Esse ato bom foi efeito da graça, foi Deus que se manifestou nele, e Deus não quer ser notado, ou então retira-se. Quando nos sobrevém a tentação de nos demorarmos no pensamento das nossas boas ações, devemos pensar imediatamente na santidade de Deus e no caixote de misérias que todos somos. Tenhamos os olhos fixos na glória de Deus, e assim ficaremos dentro dos limites da nossa própria pequenez e neles havemos de sentir-nos bem: humildes, nós mesmos agradecidos, e generosos na prática do bem, sem desânimos.

O sofrimento e a bondade

Antes de concluirmos, uma palavra sobre o sofrimento. O sofrimento pode ser uma espécie de ação bondosa que obedece a leis especiais.

A bondade precisa sempre da graça, mas o sofrimento bondoso precisa dela cem vezes mais. São raras as almas que sabem sofrer com resignação e amabilidade, com uma paciência que chegue a parecer natural. Num cristão, o sofrimento tem que ser quase exclusivamente sobrenatural para ser sofrimento bondoso. Aqui, a graça tem de ser «tirana», de tal modo que quase não deixe lugar à natureza. Uma harmonia íntima entre o sofrimento e a amabilidade sob a influência da graça é um dos rasgos mais atraentes da santidade.

Quem sofre com uma mansidão tranquila e sorridente dá-nos a impressão de ser ele que se empenha em servir-nos, e não nós em servi-lo a ele. E é verdade: somos nós que lhe devemos sentir-nos agradecidos; servir, neste caso, é antes um privilégio do que um dever. A influência atenuante e santificadora do sofrimento alheio, sentimo-la nós mesmos tanto quanto aquele que sofre. A suavidade do paciente encanta-nos e faz-nos suaves a nós.

Por outro lado, que há de mais belo do que a caridade solícita com que recebemos os outros quando sofremos? É uma graça composta de várias outras graças. E é, contudo, uma graça oculta, apesar da impressão profunda que deixamos em todos os que se achegam a nós. Constitui um desses tesouros preciosos do coração que o mundo não pode roubar.

É desagradável ver um doente abatido. Um coração forte e viril no sofrimento pode conduzir à perfeição na santidade. Seria uma grave falta de bondade fazermos os outros sentirem o nosso abatimento, andarmos pelo mundo a envenenar as fontes da alegria, como os demônios. Ou ficarei eu mais alegre por ter conseguido entristecer os que amo? Não é uma alegria ver o sol sobre as montanhas, mesmo quando não o temos nos nossos vales?

Amaldiçoada a mesquinhez e miséria da nossa mórbida sede da estima alheia, que não nos deixa guardar no peito as nossas mínimas dores! Por que então nos arrastamos como torpes insetos nos nossos padecimentos, ávidos de extinguir a nossa sede à custa da compaixão dos outros?

Os pensamentos de uma mãe agonizante concentram-se todos no filho recém-nascido. Que bela imagem da santidade! Vamos também nós esconder os nossos sofrimentos e achaques e convertê-los em oculto estímulo para cumular de uma bondade transbordante e uma ensolarada alegria os que nos assistem. Quando as trevas em que está mergulhado o nosso coração gerarem luz ao nosso redor, então o espírito de Jesus terá tomado posse da nossa alma.

Tenhamos, porém, em conta que há paradoxalmente casos em que a solicitude de que nos rodeiam implica com os nossos nervos. Os que nos amam irritam-nos constantemente com as suas mostras de estima.

Mesmo a compaixão dos outros pode desconcertar-nos; o consolo, enfurecer-nos. Parece que nascemos sem a pele do nosso corpo, de sorte que todo o contato com os outros é um martírio para a nossa sensibilidade. Como é vasto o campo para o nosso aperfeiçoamento!

As provações com que Deus nos visita têm ainda outro efeito magnífico, que só descobre quem costuma tomar sobre os seus ombros o peso dos outros. É uma realidade que a cruz de cada um pesa sobre os ombros dos que lhe são próximos, pois ninguém carrega a sua cruz sozinho, ou bem poucos. Ora, a bondade no sofrimento habitua-nos a pensar menos em nós do que no sofrimento dos outros à vista da nossa cruz.

Passamos a ver as nossas cruzes pesarem sobre os ombros dos outros e então derramamos sobre eles a nossa bondade compassiva. Não somos nós que mais sofremos numa noite de insônia, mas a enfermeira que, durante a noite, fez o possível para que conciliássemos o sono, à custa do sono dela. Quem precisa de compaixão não somos nós, que não suportamos o menor ruído dentro de casa, mas as pobres crianças, porque não podem fazer barulho, e para elas não há alegria que não seja ruidosa. A bondade na dor dá-nos tais sentimentos.

Não é isto uma transformação completa? Os santos calam-se na dor, porque as suas dores, manifestadas com angústia, significariam dores também para os seus próximos. O mundo da dor é um mundo maravilhoso. Poderia escrever-se um livro inteiro sobre a bondade na dor.

* * *

Finalizemos. Discorremos sobre a bondade. O seu nome mais apropriado seria «espírito de Jesus». Teríamos conosco um talismã se, na nossa peregrinação, quiséssemos repetir duas ou três vezes por dia as palavras da Escritura: «O meu espirito é mais doce que o mel, e a minha posse mais suave que o favo de mel» (Eclo 24, 27).

Talvez você me diga: «Afinal de contas, a bondade é uma virtude bem pequena, depende muito das disposições naturais, tem mais a ver com os bons modos do que com a santidade». Não quero entrar em discussão a este propósito. Basta fazer notar que a erva dos prados é melhor que os cedros do Líbano. É mais nutritiva, e a vista gosta de repousar sobre esse tapete repleto de tomilhos e margaridas, que torna tão amável a terra, tão atraente e encantadora. A bondade é o alimento do mundo espiritual; sobre ele pascem pacíficas as ovelhas de Cristo, sob o olhar do Bom Pastor.

Direção geral
Renata Ferlin Sugai

Direção editorial
Hugo Langone

Produção editorial
Juliana Amato
Gabriela Haeitmann
Ronaldo Vasconcelos
Daniel Araújo

Capa
Provazi Design

Diagramação
Sérgio Ramalho

ESTE LIVRO ACABOU DE SE IMPRIMIR
A 8 DE SETEMBRO DE 2023,
EM PAPEL OFFSET 75 g/m².